I0464686

How To Draw Figures : Pencil Drawings Step By Step

Pencil Drawing Ideas for Absolute Beginners

By Gala Publication

Published By:

Gala Publication

ISBN-13: 978-1515200376
ISBN-10: 151520037X

©Copyright 2015 – Gala Publication

Table of Contents

Barbarian

STEP 1

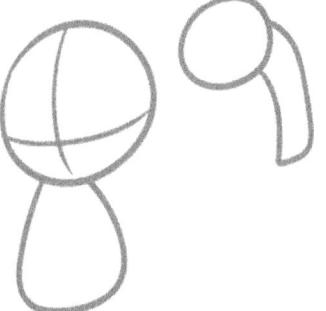

STEP 2

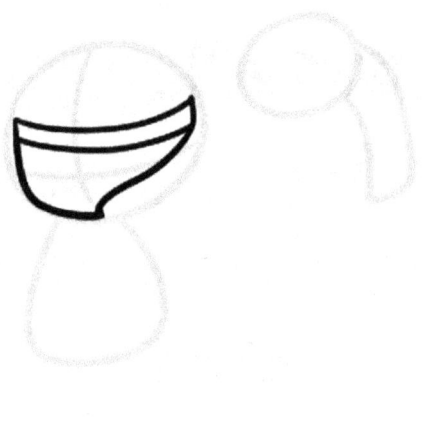

STEP 3

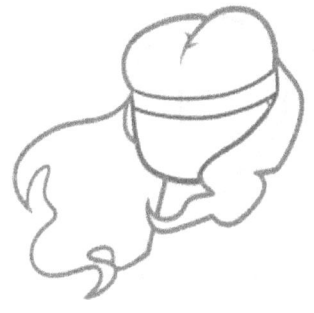

STEP 4

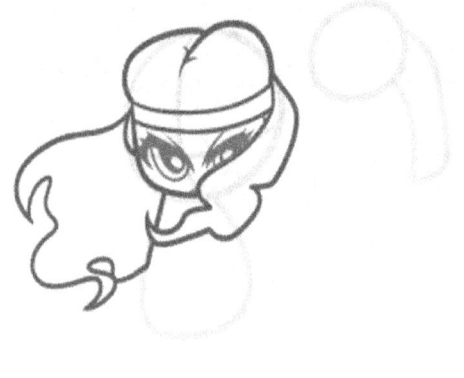

STEP 5

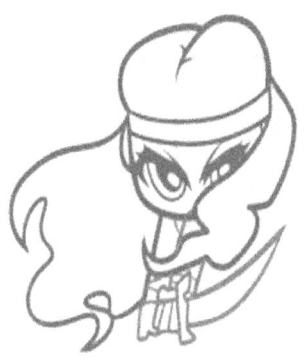

STEP 6

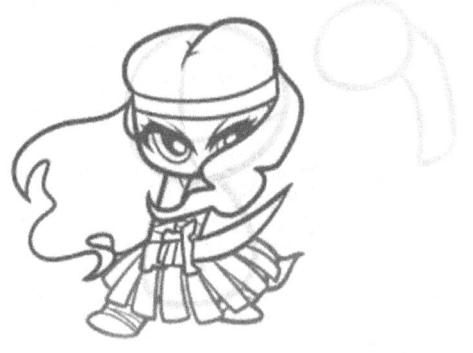

STEP 7

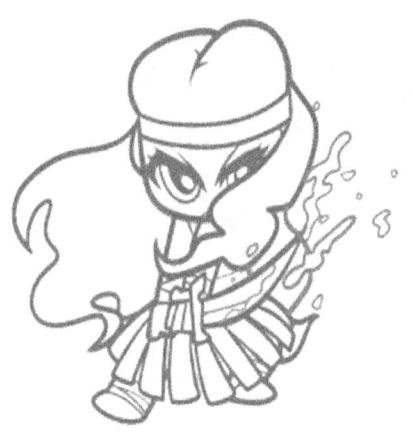

STEP 8

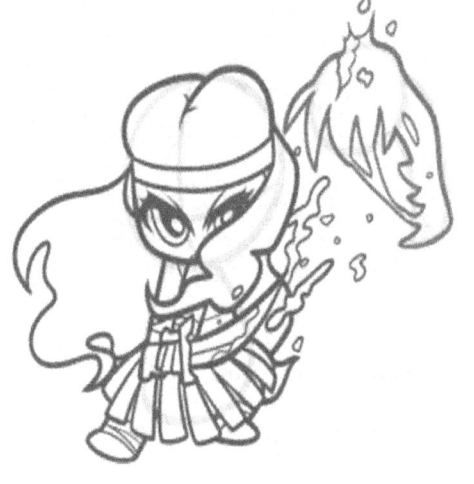

STEP 9

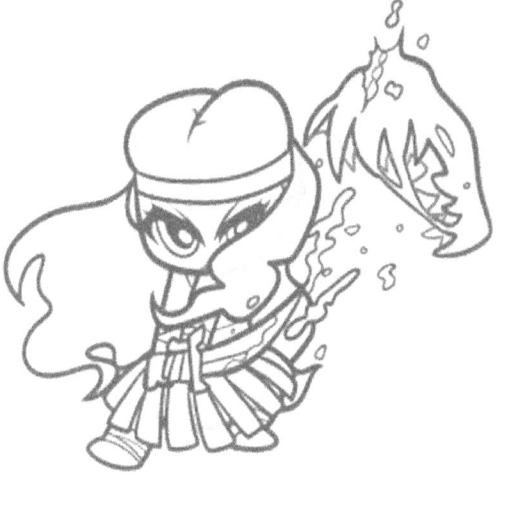

STEP 10

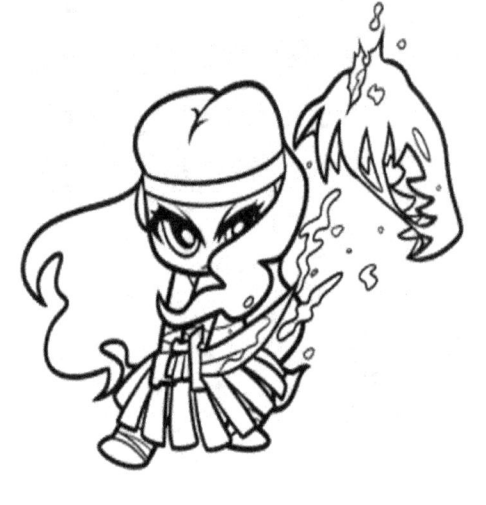

Christmas Figure

STEP 1

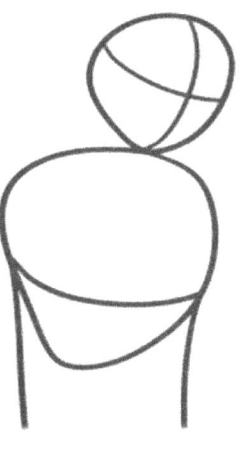

STEP 2

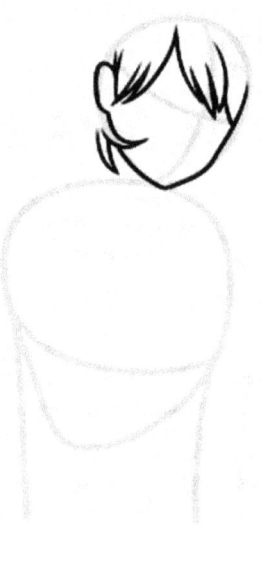

STEP 3

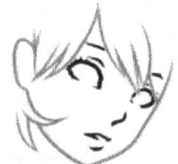

STEP 4

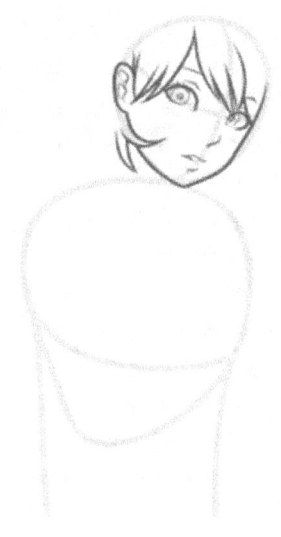

STEP 5

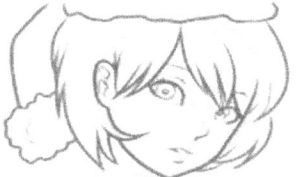

STEP 6

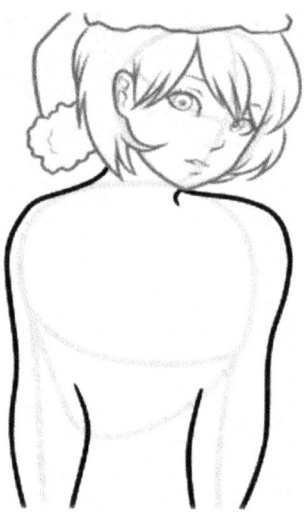

STEP 7

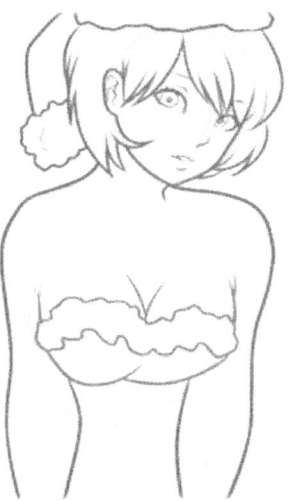

STEP 8

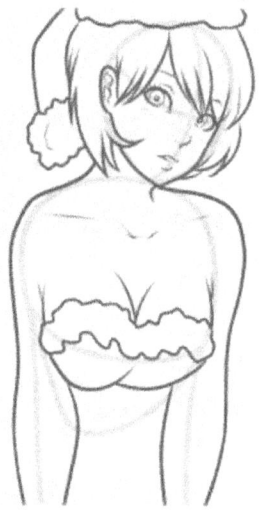

STEP 9

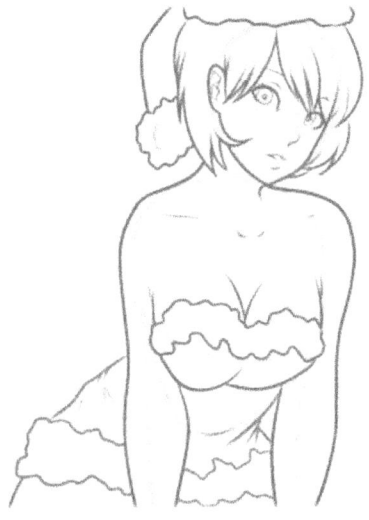

STEP 10

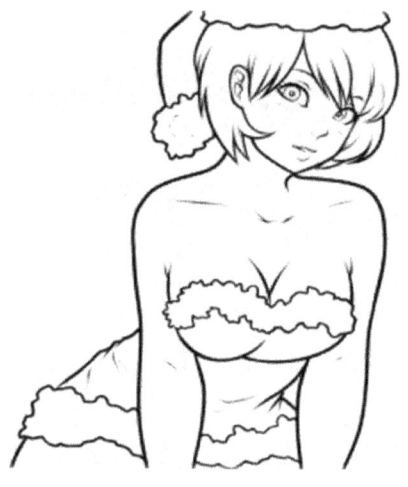

Girl with Headphones

STEP 1

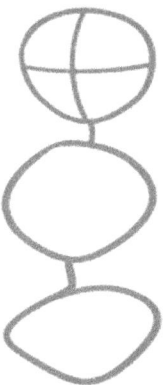

STEP 2

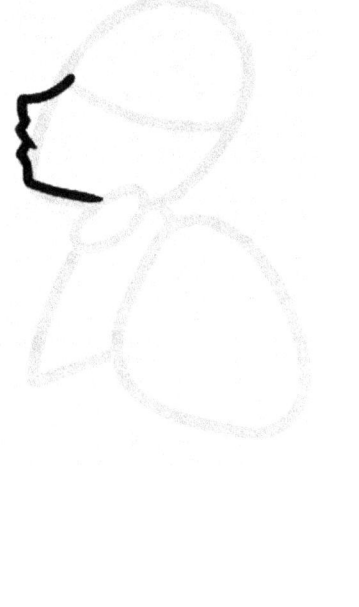

STEP 3

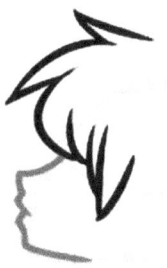

STEP 4

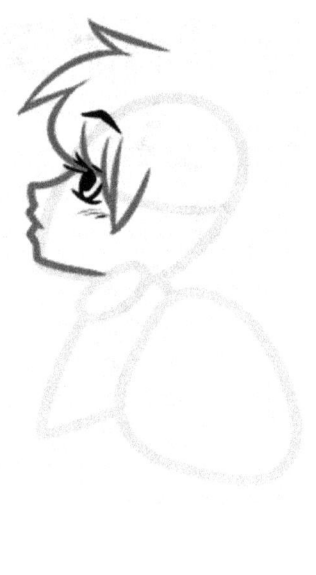

STEP 5

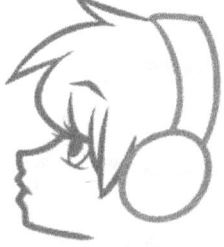

STEP 6

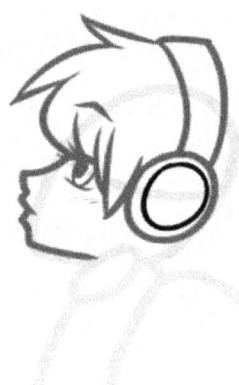

STEP 7

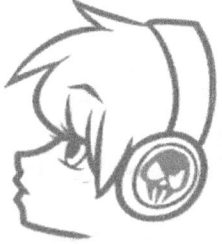

STEP 8

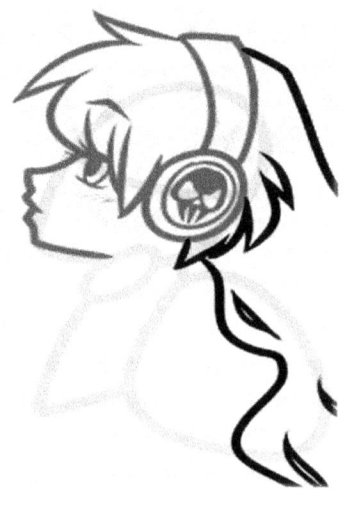

STEP 9

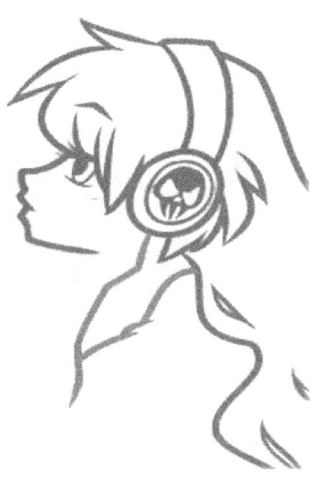

STEP 10

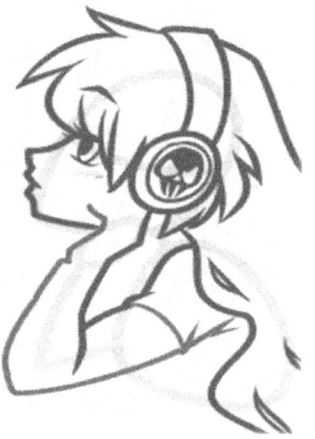

STEP 11

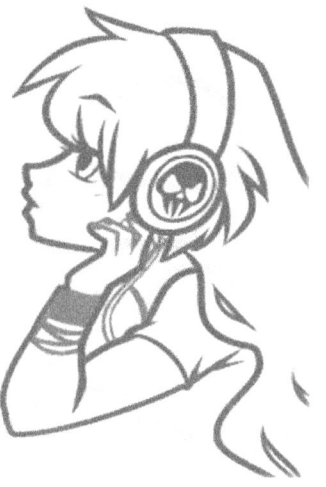

STEP 12

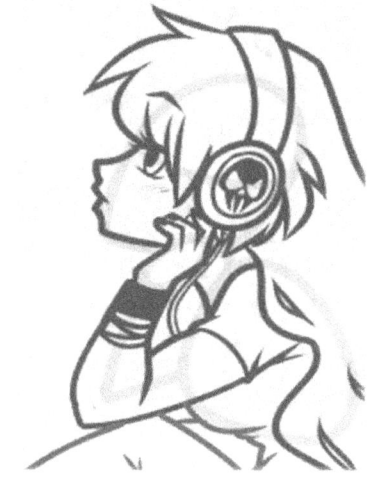

STEP 13

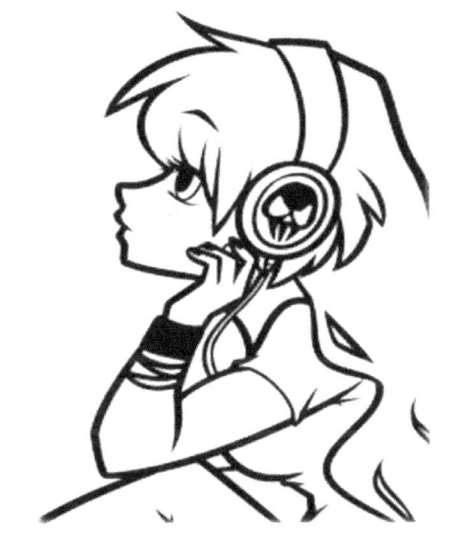

Little Girl

STEP 1

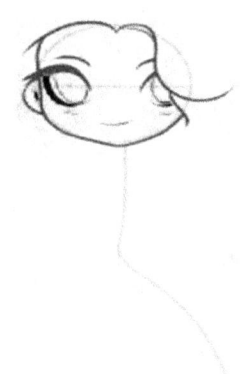

STEP 2

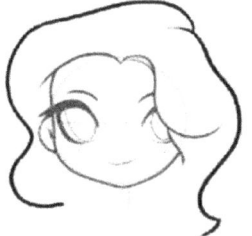

STEP 3

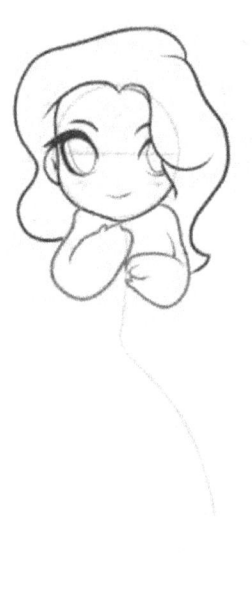

STEP 4

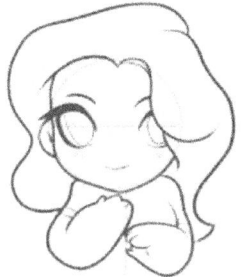

STEP 5

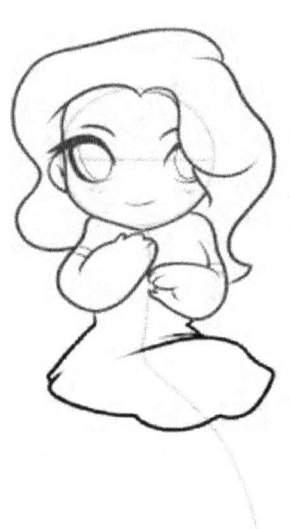

STEP 6

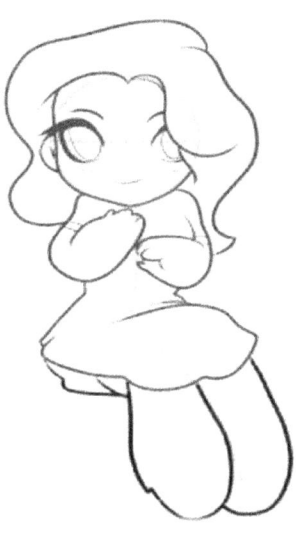

STEP 7

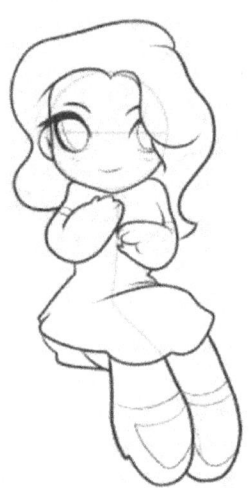

STEP 8

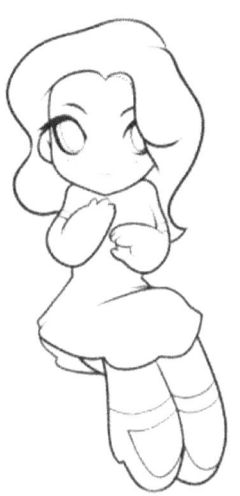

Pinup Girl

STEP 1

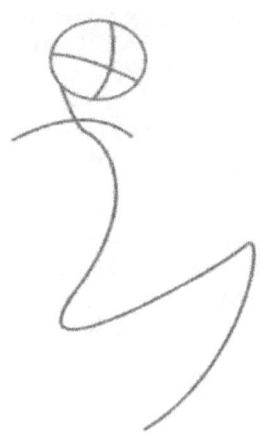

STEP 2

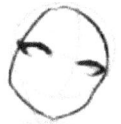

STEP 3

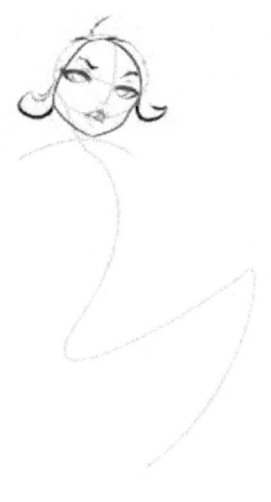

STEP 4

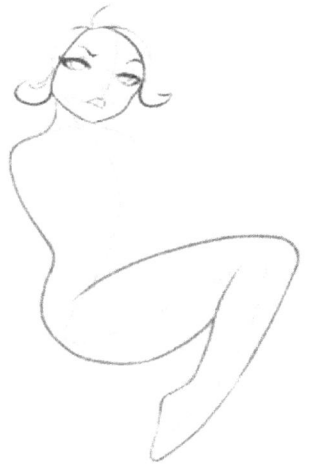

STEP 5

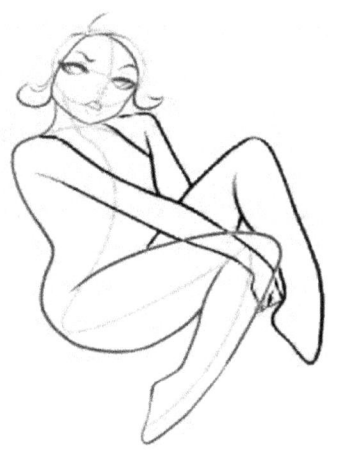

STEP 6

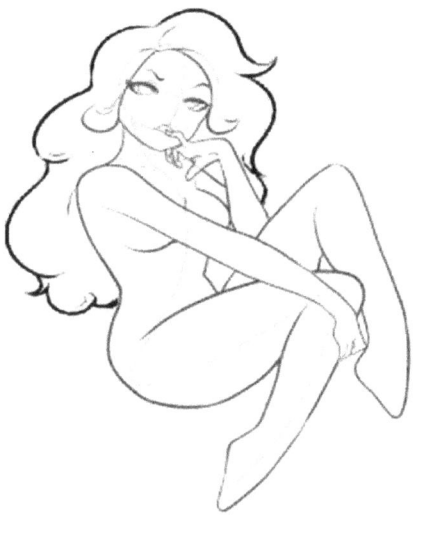

STEP 7

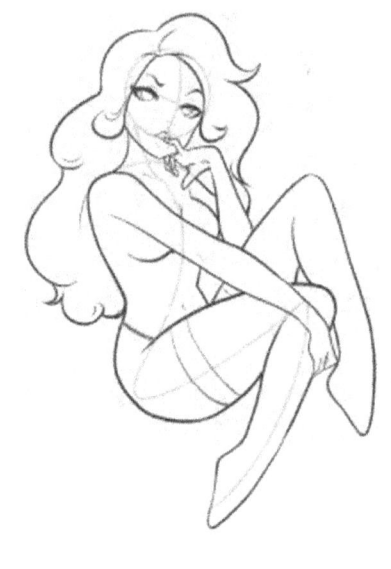

STEP 8

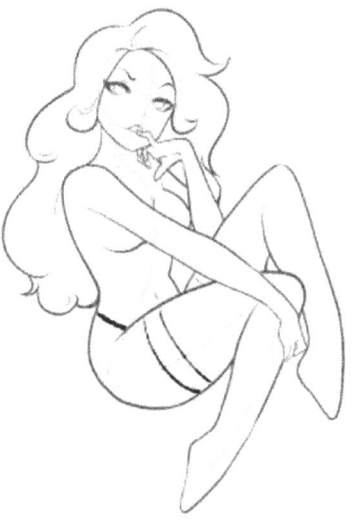

STEP 9

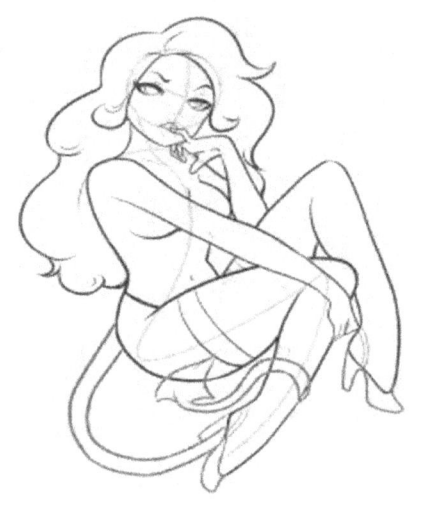

Baby Girl

STEP 1

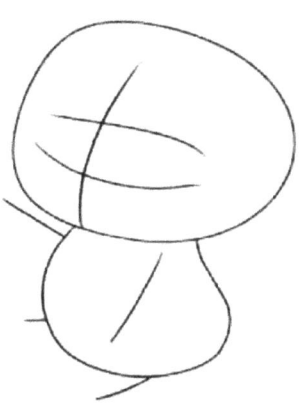

STEP 2

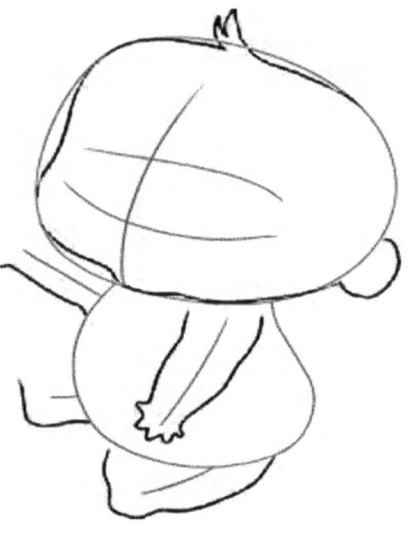

STEP 3

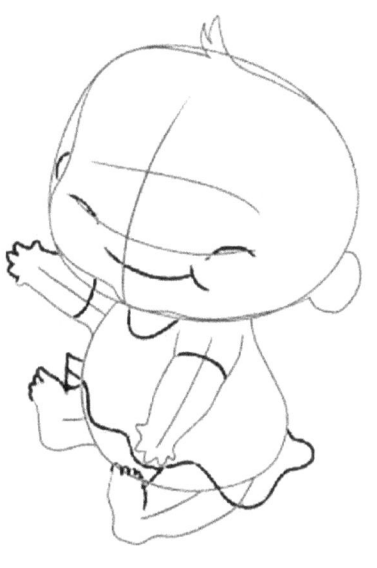

STEP 4

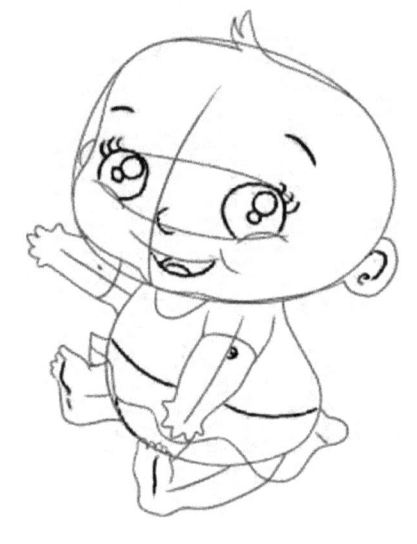

STEP 5

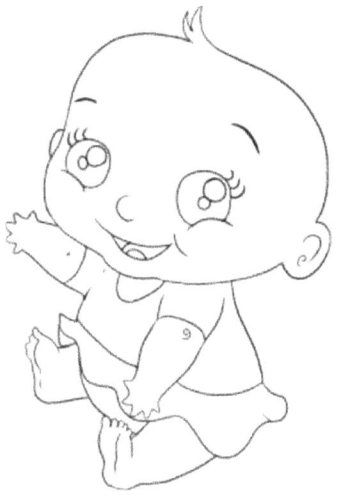

Easy Girl

STEP 1

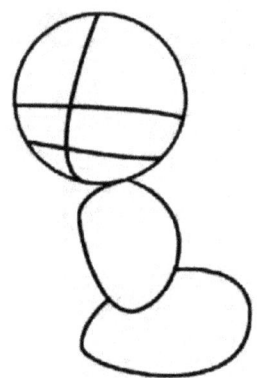

STEP 2

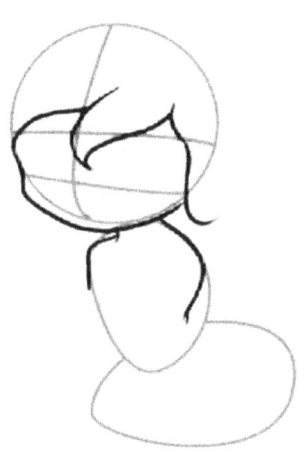

STEP 3

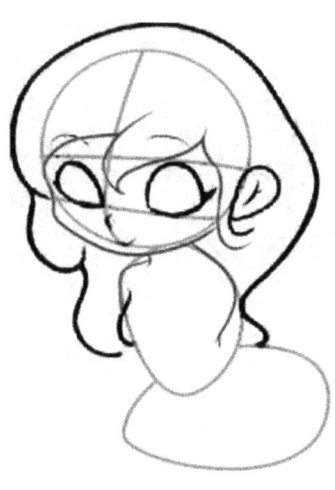

STEP 4

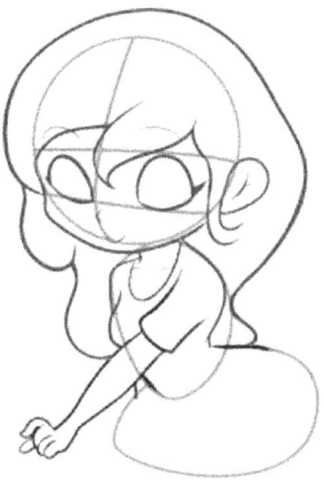

STEP 5

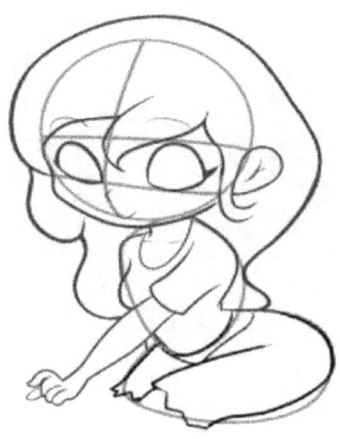

STEP 6

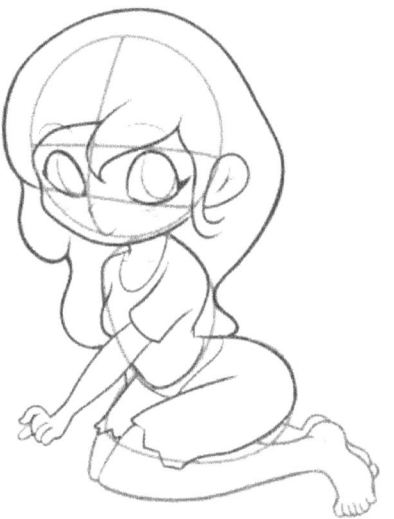

STEP 7

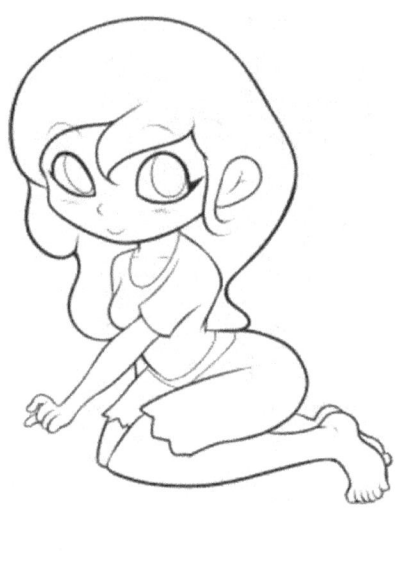

Native

STEP 1

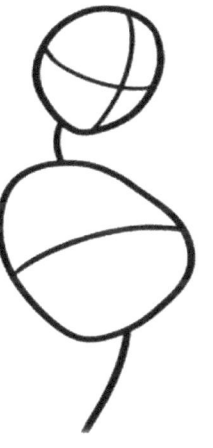

STEP 2

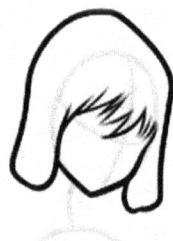

STEP 3

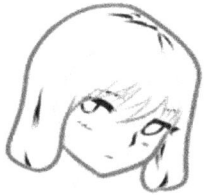

STEP 4

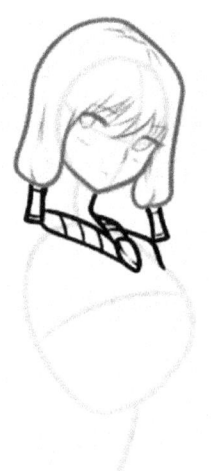

STEP 5

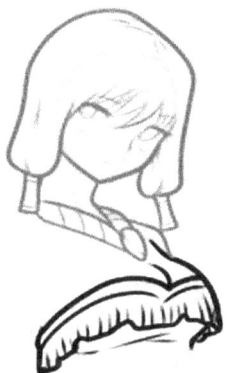

STEP 6

STEP 7

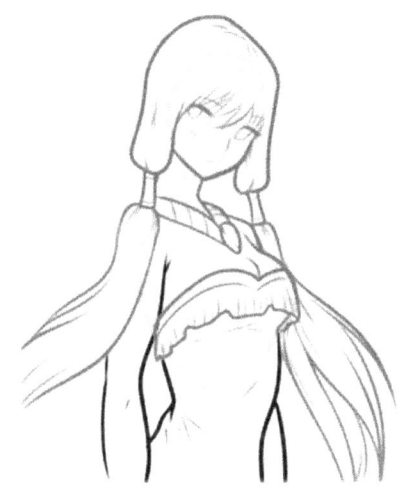

STEP 8

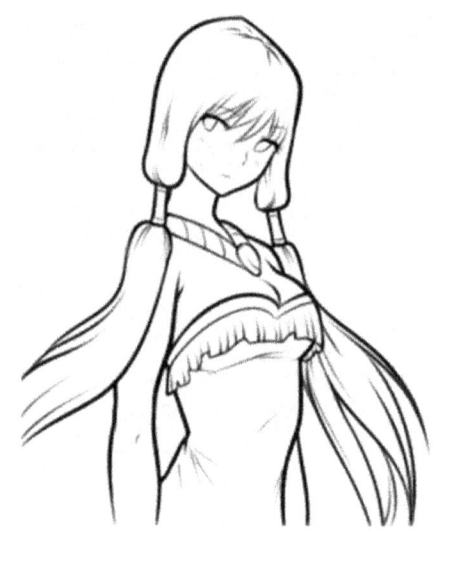

Girl

STEP 1

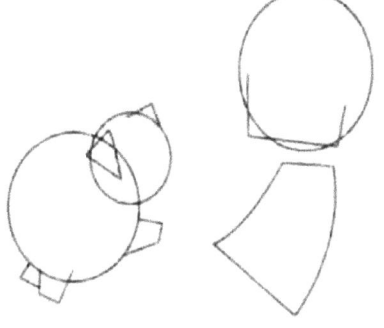

STEP 2

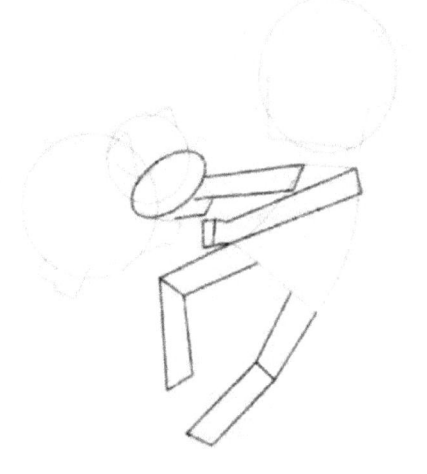

STEP 3

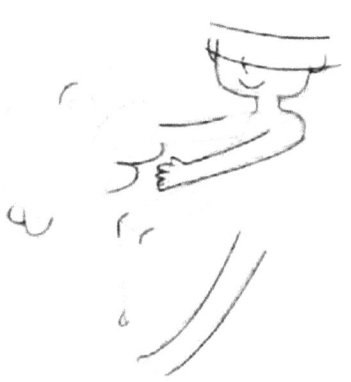

STEP4

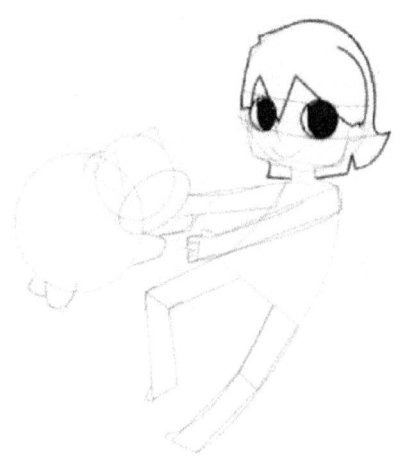

STEP 5

STEP 6

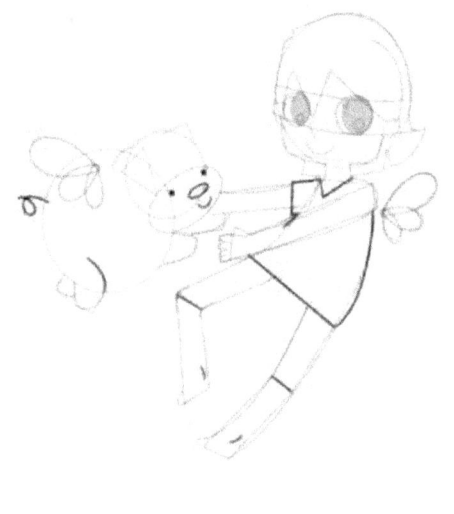

STEP 7

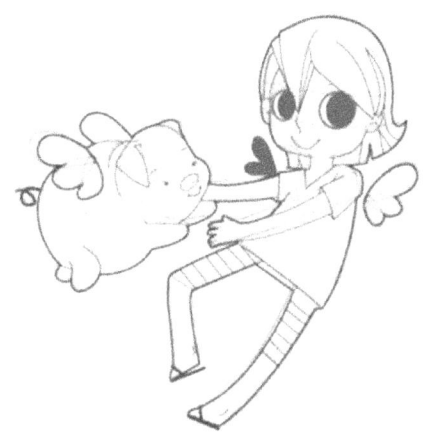

Squid-girl

STEP 1

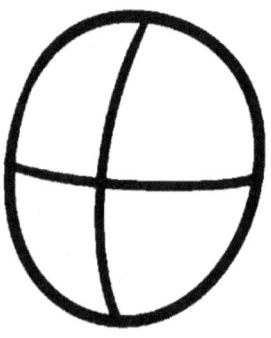

STEP 2

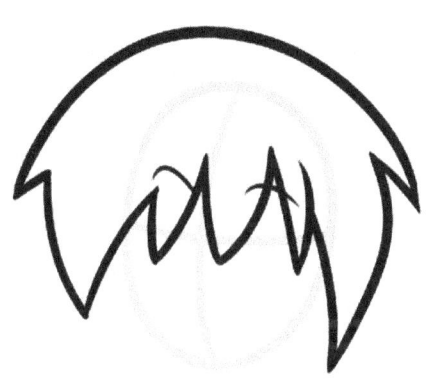

STEP 3

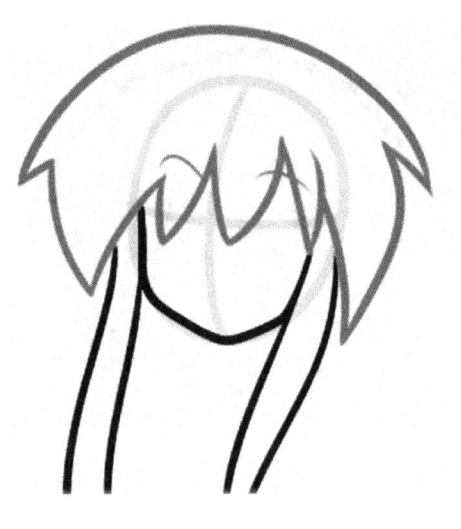

STEP 4

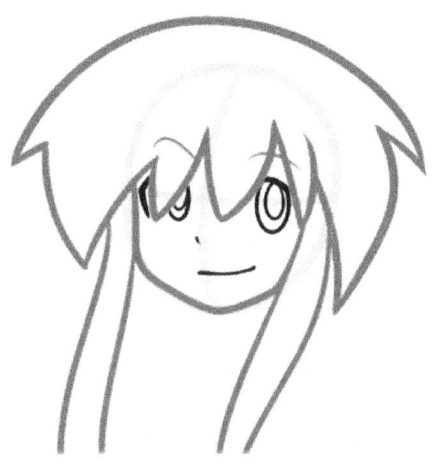

STEP 5

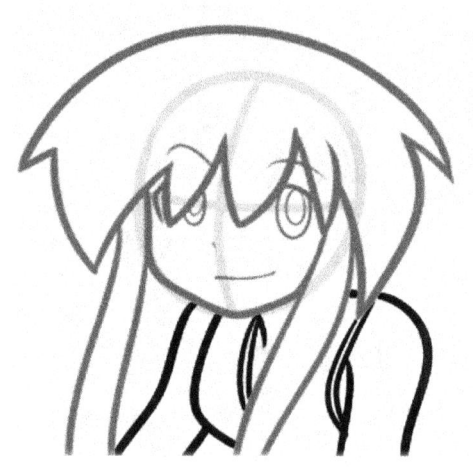

STEP 6

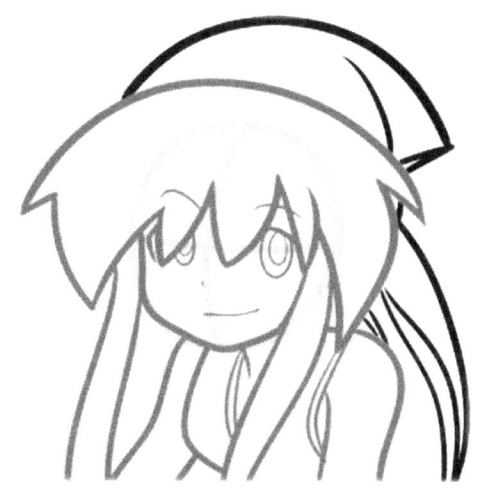

STEP 7

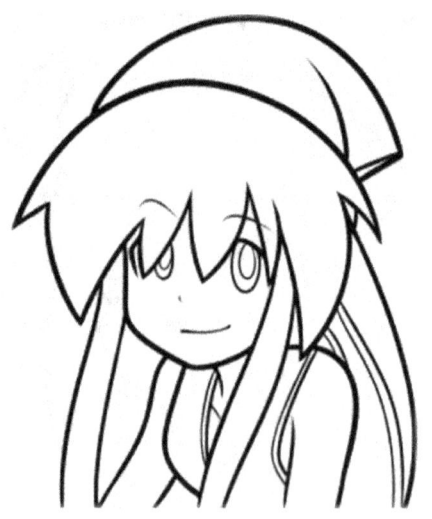

www.ingramcontent.com/pod-product-compliance
Lightning Source LLC
Chambersburg PA
CBHW072306200526
45168CB00014B/874